Ferdinand Brunetière

La Religion comme sociologie

essai

ISBN : 978-1539974109

10 9 8 7 6 5 4 3 2 1

Ferdinand Brunetière

La Religion comme sociologie

essai

Table de Matières

Section I   6

Section II   7

Section III   15

Section IV   21

Section V   27

Section I

« Une sociologie mythique ou mystique, conçue comme contenant le secret de toutes choses, tel est, selon nous, *le fond de toutes les religions*. Celles-ci ne sont pas seulement de l'anthropomorphisme ;... elles sont une extension universelle et imaginative de toutes les relations bonnes ou mauvaises qui peuvent exister entre des volontés, de tous les rapports sociaux de guerre ou de paix, de haine ou d'amitié, d'obéissance ou de révolte, de protection et d'autorité, de soumission, de crainte, de respect, de dévouement ou d'amour : *la religion est un sociomorphisme universel.* »

C'est à l'*Introduction* du livre de M. Guyau sur l'*Irréligion de l'Avenir*, — ce jeune philosophe aimait les titres à effet, — que j'emprunte cette définition de la religion, et, quoique *Sociomorphisme* soit assurément un peu rude, je la crois non seulement bonne, mais encore la meilleure que l'on puisse donner du fond commun de toutes les religions.

J'aurais toutefois aimé qu'en le définissant ainsi, M. Guyau se souvînt qu'Auguste Comte l'avait fait avant lui. J'ai tâché de montrer, dans une précédente étude, qu'il y avait non seulement une « métaphysique, » mais une « religion » d'impliquée dans les données premières du positivisme. Le caractère essentiel de cette religion est d'être conçue comme sociale ; ou plutôt, il faut dire davantage, et, dans l'évolution de la pensée d'Auguste Comte, « religion » et « sociologie » ne font qu'un. C'est par le chemin de la sociologie qu'il aboutit à la religion, et c'est sa religion qu'il a vue devenir à son tour la règle et à la fois le juge de sa sociologie. Sa religion, dont il a eu grand soin de n'éliminer ni l'inconnaissable ni le surnaturel, — et au contraire, personne n'a qualifié plus sévèrement que lui la « monstrueuse » contradiction qui se dissimule sous le nom de « religion naturelle, » — est le fondement mystique de sa sociologie. Sa sociologie n'est qu'un effort pour réaliser son « royaume de Dieu » sur la terre. « Le mot même de religion, lisons-nous dans son *Catéchisme Positiviste*, indique l'état de complète unité qui distingue notre existence, à la fois personnelle et sociale quand toutes ses parties, tant morales

Ferdinand Brunetière

que physiques, *convergent habituellement vers une destination commune…* La religion consiste donc *à régler chaque nature individuelle et à rallier toutes les individualités*, ce qui constitue seulement deux cas distincts d'un problème unique. » Je voudrais montrer aujourd'hui comment cette conception ou cette idée de la religion s'oppose à de plus superficielles ou de plus étroites, ce qu'elle a de vraiment, de profondément, d'éternellement religieux, et qu'il suffit enfin, pour l'utiliser, de la compléter. Quelque contraste qu'il y ait entre le plaisir et la peine, disaient les Anciens, ils ne laissent pas d'être conjoints par un lien de nature : *societate quadam naturali.* C'est ainsi que l'erreur et la vérité ne sont pas toujours ni même ordinairement séparées l'une de l'autre par des abîmes ; on les trouve souvent plus voisines qu'on ne les croyait ; et, pour faire quelquefois servir la première à la démonstration ou à la glorification de la seconde, il y faut moins d'adresse ou d'intelligence que de « bonne volonté. »

Section II

J'ai déjà cité bien des fois, — et je ne suis pas incapable de citer plus d'une fois encore, — le mot si caractéristique de Madame, mère du Régent : « Chacun se fait son petit religion à part soi. » C'est qu'en effet, s'il n'y en a pas de plus allemand, ni peut-être de plus protestant, je n'en connais guère de moins « religieux : » je veux dire de moins conforme à tout ce que nous enseigne l'histoire même des religions. On se fait peut-être « son petit métaphysique, » ou « son petit philosophie » à part soi ! Mais en histoire, dans la réalité de l'histoire, nous ne connaissons pas une seule religion qui ne nous apparaisse avant tout comme « un motif de rassemblement. » Fétichistes ou polythéistes, religions de la nature ou religions de « la souffrance humaine, » religions de haine ou religions d'amour, religions de la famille, du clan, de la cité, religions nationales, religions universelles, toutes les religions ne sont que des rassemblements, des groupements, des ralliements d'êtres humains autour de l'idée commune qu'ils se font de la Divinité ; la mise en participation d'une croyance ; le partage effectif des cérémonies d'un même culte ; et, comme conséquence, l'engagement que prennent les fidèles de souscrire au *Credo* que leurs prêtres promulgueront pour entretenir ce culte, préserver ou développer cette croyance, l'organiser, la propager, et honorer ce Dieu. Cette société de croyances peut d'ailleurs être, et se trouve avoir été dans l'histoire, plus ou moins étroite, plus ou moins durable, plus ou moins étendue. On a vu des religions locales et on en a vu d'universelles ; on en a vu de familiales et on en a vu de politiques. La religion des Romains a longtemps été « familiale ; » les religions grecques sont de bonne heure devenues « politiques. » On en a vu de jalouses et de fermées, comme le brahmanisme et comme le judaïsme ; on en a vu d'ouvertes et d'accueillantes, comme le bouddhisme. D'autres encore, comme l'islamisme, ont formé des sociétés militaires. Mais ce que l'on n'a jamais vu, c'est une religion qui fût celle d'un seul homme, et la « religion de Socrate » ou la « religion de Platon, » — si l'on tient à se servir de ce mot de « religion, » — n'ont commencé qu'avec les disciples de Platon ou de Socrate. Il n'y a pas de « religion naturelle, » disions-nous tout à l'heure avec Auguste Comte : les termes sont contradictoires. Disons pareillement qu'il ne saurait y avoir de « religion individuelle. » On ne peut pas plus être seul de sa « religion » qu'on ne le pourrait être de sa « famille » ou de sa « patrie. » Famille, patrie, religion, ce sont des expressions « collectives, » si jamais il y en eut. On n'en diminue pas seulement la portée, mais on en altère, on en dénature, on en corrompt le sens quand on les « individualisa. » Toute religion, dans l'histoire, avant d'être autre chose, et de quelque manière qu'on essaie d'en définir l'essence, est association, congrégation, communion, Église ! Et pour achever de nous en convaincre, nous n'avons qu'à considérer dans l'histoire ce que toutes les religions ont appelé du nom de « schisme » ou d' « hérésie. » Bossuet l'a dit quelque part, avec sa franchise habituelle : « L'hérétique est celui qui a une opinion ; » et il ajoute : « C'est même ce que le mot veut dire. » Ni Calvin avant Bossuet, ni, avant Bossuet et Calvin, les juges de Socrate n'ont pensé autrement. Anciennes ou modernes, dans toutes les religions, l'hérétique est celui qui se détache du groupe, qui s'y oppose lui tout seul, qui le met donc par-là même en danger de se dissocier, et c'est une chose bien remarquable que, sur quelque paradoxe que son hérésie se fonde, on lui en veut toujours bien moins de ce que son paradoxe a de blasphématoire, ou de scandaleux,

Ferdinand Brunetière

que de ce qu'il a d'individuel, ou de solitaire. *Væ soli* ! Malheur à celui qui est seul ! Les hommes aiment à penser en troupe. C'est pourquoi tout hérétique a toujours succombé dans l'histoire qui n'avait pas réussi d'abord à devenir « plusieurs. » Et comme, en devenant « plusieurs, » s'il ne cessait pas pour cela d'être hérétique, son hérésie changeait cependant de nature, devenait ce qu'on appelle un « schisme, » et qu'un schisme est une communion, la communion des séparés, la religion se trouve ainsi ramenée à son caractère principal, en tant qu'il est d'être une croyance collective. Aucun effort n'a jamais prévalu contre une religion qui lui-même ne fût collectif. Tout hérétique est un meneur ou un conducteur d'hommes qui veulent comme lui se détacher de la collectivité dont ils faisaient partie, et c'est ce qui explique en tout temps la violence des luttes religieuses : « Rien, a dit encore Bossuet, n'excite de plus grands tumultes parmi les hommes ; rien ne les remue davantage, et rien en même temps ne les remue moins. »

« Rien ne les remue moins, » parce qu'en effet les préoccupations de la vie quotidienne rejettent ordinairement la préoccupation religieuse à l'arrière-plan de notre activité et comme dans l'ombre de l'inconscience ! Mais, « rien en même temps ne les remue davantage, » parce qu'une religion qui se sent menacée, c'est une société qui se sent ébranlée jusque dans ses fondements ; c'est une communauté qui se sent inquiétée dans le principe de son existence même ; c'est une collectivité dont les éléments se retournent, pour ainsi parler, contre elle-même, et rompent, en brisant le lien qui formait leur union, celui qui faisait en même temps le secret de sa force. Aussi les historiens ont-ils quelquefois hésité sur le vrai caractère des révolutions religieuses. Ils les ont crues plus d'une fois « politiques, » et de ce qu'en effet elles le sont toutes, ou presque toutes, devenues, ils en ont conclu que la religion n'en avait donc été que le prétexte. La conclusion était fausse, mais l'hésitation était permise. Elle ne l'est plus, si l'on fait attention qu'étant chose collective, aucune religion ne saurait être « réformée, » que la structure d'une société tout entière n'en soit nécessairement et profondément modifiée.

En voici un exemple dans l'analyse qu'Eugène Burnouf a donnée (*Introduction à l'histoire du bouddhisme Indien*, IIe Mémoire, IIe section) des relations du bouddhisme et du brahmanisme. En proclamant, — non pas l'égalité des hommes, « peu comprise, en général, des peuples asiatiques, » — mais la possibilité pour tout homme « d'échapper à la loi de la transmigration, » ce qui est sans doute éminemment une affirmation de l'ordre dogmatique, Çakya-Mouni ne « tendait à rien moins qu'à détruire, dans un temps donné, la subordination des castes, » ce qui sans doute était une réforme de l'ordre politique ou social. Un autre exemple de cette solidarité nous est manifesté dans le procès de Socrate. « On peut l'avouer aujourd'hui, nous dit expressément Victor Cousin (*Œuvres de Platon*, t. I, p. 56), Socrate ne s'élève tant comme philosophe qu'à condition précisément d'être coupable comme citoyen. » Et qu'est-ce encore que la politique des Empereurs a poursuivi dans le christianisme naissant, sinon le danger qu'en attaquant « la religion de l'Etat » et les « dieux de la patrie, » la religion nouvelle faisait courir à la collectivité dont ces dieux étaient les protecteurs, et cette religion d'Etat la garantie de durée ? « Les religions se jugent par les services qu'elles rendent, disait Symmaque dans un discours célèbre (Cf. Gaston Boissier, *La Fin du Paganisme*, t. II, p. 317-323), l'homme ne s'attache aux dieux que quand ils lui ont été utiles, *utilitas quæ maxime homini deos asserit*. » Quelle que soit l'origine d'une révolution religieuse, on ne saurait donc l'empêcher d'être ou de devenir presque toujours une révolution politique, et surtout « sociale. » C'est ce qui n'aurait probablement pas lieu si la religion n'était qu'une « affaire individuelle. » Et je n'examine point, pour le moment, s'il vaudrait mieux qu'elle le fût, ni s'il faut travailler à ce qu'elle le devienne, mais je dis qu'aucune religion ne l'a été dans l'histoire, et c'est, pour le moment, tout ce qu'il s'agissait de montrer, — ou de constater. Mais, c'est précisément ce qu'Auguste Comte, sous l'influence de Joseph de Maistre, et aussi de Lamennais, a parfaitement vu. On nous a reproché que, dans ces études sur « l'utilisation du positivisme, » nous ne faisions pas assez de citations du *Cours de Philosophie positive* ou du *Système de Politique* : j'en ferai donc ici quelques-unes, dont j'espère que l'on ne méconnaîtra ni l'intérêt ni surtout la portée. Tel est le passage où Comte déclare que, l'organisation ou la réorganisation d'un « pouvoir spirituel » étant à ses yeux le premier besoin des sociétés modernes, « loin de proposer à cet égard une régénération dépourvue de tous antécédents, » il s'honore au contraire de n'en

Ferdinand Brunetière

pas dissimuler « la relation fondamentale avec l'admirable ébauche qui constitue le principal caractère du moyen âge, » et d'avoir lui-même, à cet effet, pour bien montrer cette relation, « rendu au catholicisme une plus complète justice qu'aucun de ses propres défendeurs, sans en excepter l'éminent de Maistre. » (*Système de Politique positive*, I, 86-87.) En s'exprimant ainsi, il fait allusion à la 54ᵉ leçon de son *Cours de Philosophie positive*, où il a tant insisté sur « le génie *éminemment social* du catholicisme » V, 233 ; — sur « l'admirable modification *de l'organisme social* » dont l'action catholique a été dans l'histoire l'infatigable ouvrière, V, 259 ; — sur la « grande *destination sociale* » du pouvoir catholique, V, 243 ; — sur « l'irrécusable nécessité relative, *intellectuelle ou sociale*, des dogmes les plus amèrement reprochés au catholicisme, » V, 269. Autant en dit-il des « institutions » du catholicisme ; et, dans les justifications qu'il donne de l'existence des ordres monastiques, V, 245-246 ; — de l'infaillibilité pontificale, V, 249-250 ; — du célibat des prêtres, V, 252-253 ; — du pouvoir temporel de la papauté, V, 255-256 ; — de la confession, V, 263-264, c'est toujours de leur fonction ou de leur utilité sociale qu'il s'autorise. La signification ou la valeur sociale du catholicisme, telle est la base de l'apologie qu'il en fait. Et, finalement, le grand grief qu'il oppose au protestantisme, c'est de n'avoir été, dès ses débuts, « qu'une protestation contre les bases intellectuelles de *l'ancien ordre social, ultérieurement étendue à… toute véritable organisation quelconque,* » *V, 379. Au nom même du christianisme, le protestantisme s'est attaché à ruiner l'admirable système de la hiérarchie catholique, tel qu'il « en constituait socialement* la réalisation fondamentale, » V, 381-382. Ce que le protestantisme a profondément altéré, s'il ne l'a pas anéantie, c'est la « notion fondamentale du *progrès social,* » V, 475. Et c'est encore lui, toujours lui, qui en faisant de la religion « une affaire individuelle, » a sans doute, et comme il s'en vante, inauguré le règne du « sens propre » en matière de religion, mais en même temps, et par cela même, ruiné la notion de « religion. » (V, 54ᵉ et 55ᵉ leçons, *passim.*) Car, s'il est vrai que l'office propre de toute religion consiste, tant « à régler chaque existence personnelle, qu'à *rallier* les diverses individualités, » il est encore plus vrai que « *régler* et *rallier* exigent nécessairement les mêmes conditions fondamentales ; » que « les sentiments qui *rallient* sont aussi les plus propres à *régler* ; » et qu'une véritable discipline affective ne peut « s'établir et se développer que sous l'uniforme subordination de tous les sentiments personnels *aux sentiments sociaux.* » (*Système de Politique positive*, t. II, p. 9-10.)

Voilà, si je ne me trompe, des textes assez démonstratifs, et dont l'interprétation ne laisse aucune place à l'arbitraire ! Aux yeux d'Auguste Comte, toute religion, ou, pour parler sa langue, toute théologie ne vaut qu'en fonction de la sociocratie, et comme acheminement vers l' « unification de l'espèce humaine. » La « théorie générale de la religion » se confond, pour Auguste Comte, avec la « théorie positive de l'unité humaine. » C'est sur la base de cette identité qu'il reconstruit successivement l'édifice du dogme, celui du culte, et de la discipline. Et cette identité n'est pas déduite, mais induite. C'est l'examen de toutes les religions qui la lui a enseignée : « religions spontanées » ou « religions révélées, » religions « transitoires » ou « préliminaires. » Les conclusions où il aboutit, c'est l'histoire qui les lui a dictées. Et il ne nie pas d'ailleurs que d'autres éléments, d'une tout autre nature, puissent entrer, pour y concourir et s'y unir, dans la composition générale de la religion. Toutes les formations historiques sont complexes. Mais, quels que soient ces autres éléments, il a cru voir qu'ils ne servaient qu'à différencier les religions entre elles ; et, au contraire, ce qui les rapproche les unes des autres, — j'entends pour l'observateur désintéressé, — c'est d'être des « sociologies, » puisque c'est l'élément commun qu'on retrouve en elles toutes.

Voulons-nous maintenant une confirmation « actuelle » de ces vues d'Auguste Comte ? Nous n'avons nous-mêmes qu'à ouvrir les yeux, et par exemple, à nous demander quelle est la raison de l'impénétrabilité, — je dirais volontiers l'imperméabilité, — de la civilisation chinoise à la propagande chrétienne ? Je sais le zèle de nos missionnaires, et je n'aurais garde ici de vouloir décourager leur effort ! Mais on peut bien dire que les progrès du christianisme en Chine sont étrangement lents et de nature à désespérer une religion qui n'aurait pas confiance, comme la nôtre, en son éternité. La raison en est que la religion de la Chine, autant ou plus qu'une « religion, » est une « sociologie. » La part de la métaphysique ou de la spéculation y est nulle, et le caractère en est éminemment pratique. C'est, même ce qui l'a fait longtemps considérer comme athée ; et, si l'expression de « religion athée » ne laissait pas d'être paradoxale et contradictoire, on ne se trompait pourtant pas sur le fond. La religion de la Chine semble consister tout entière en un corps de préceptes moraux dont l'objet n'est que de réaliser un idéal social. Mais comme cet idéal social est assez éloigné de celui que le christianisme propose à ses fidèles, il en résulte que le christianisme ne saurait faire en Chine de progrès qui ne tende à modifier la structure de la société ; — et là même est l'explication de la résistance qu'il rencontre. Si jamais le christianisme triomphe des religions de la Chine, cela ne voudra donc pas dire qu'elles aient reconnu sa supériorité dogmatique ou métaphysique, mais la civilisation chinoise aura reconnu la supériorité des civilisations du type occidental. Ou, en d'autres termes encore, ce n'est pas l'enseignement du christianisme qui aura modifié la mentalité chinoise, mais c'est la mentalité chinoise préalablement modifiée, et transformée, qui sera devenue capable de l'enseignement du christianisme. Et, en attendant, s'il n'y est pas persécuté, cet enseignement y sera rendu vain par la résistance que lui opposera la forme même de la société. La preuve que toute religion est essentiellement une « sociologie, » c'est qu'aussi longtemps qu'une société n'est pas modifiée dans sa structure intime, on ne la verra pas changer de religion, et quand elle en changera, ce ne sera pas, à proprement parler, de « religion » qu'elle aura changé, mais de manière d'entendre la nature, l'objet, et le but de la société.

J'en trouve une autre preuve dans les transformations qui s'opèrent en ce moment même au sein du protestantisme, et qui semblent avoir pour objet la « socialisation » d'une formule religieuse dont le calvinisme avait fait si longtemps une « affaire individuelle. » Un jeune écrivain français, M. Henry Bargy, dans un livre récent sur *La Religion dans la société aux Etats-Unis*, — notons ce titre, — les a très habilement décrites, et sa conclusion est intéressante à retenir : « L'évolution qui prépare en Amérique l'unité du christianisme est un effet du positivisme. » Espérons avec lui qu'il ne se trompe pas ! Mais un livre plus significatif encore est le recueil qu'on a formé, sous le titre de *Christianisme social*, des « discours et conférences, » ou de quelques-uns des discours, et de quelques-unes des conférences, du pasteur G. D. Herron, professeur de « christianisme appliqué » au Collège de Grinnell, dans l'Etat d'Iowa. L'origine de cette chaire et l'objet de sa fondation sont déjà bien caractéristiques : c'est une femme qui l'a instituée, « pour qu'on y dégageât des enseignements de Jésus une philosophie sociale et économique, en vue de l'application de ces enseignements aux problèmes et aux institutions sociales. » Les titres mêmes de quelques-uns de ces discours : *l'État chrétien, l'Avènement politique du Christ, Une confession de foi sociale,* sont encore plus éloquents. Et voici quelques-unes des déclarations qu'ils contiennent : « L'accroissement de la liberté personnelle et le perfectionnement des armes destinées à lutter contre les concurrents, telles ont été les idées fondamentales de l'économie politique, celles qui ont dominé toute l'activité du monde moderne. Nous commençons à nous douter que l'individu n'atteint son véritable développement que par l'association, et qu'il n'arrive à la liberté que par l'union avec ses semblables. Au prix de douloureuses expériences, notre race conquiert peu à peu une science qui dépasse également les déductions logiques des économistes et des philosophes : c'est à savoir qu'elle n'est pas un simple agrégat d'individus… L'évolution que nous voyons poindre sera supérieure à la phase individualiste, dont nous sortons, autant que l'état d'être raisonnable le fut à l'animalité primitive. » Si l'on considère que le discours d'où ces lignes sont extraites est intitulé : *l'Avènement politique du Christ* ; qu'elles sont d'un professeur de « christianisme appliqué ; » que l'Université dans laquelle il enseigne est « congrégationaliste ; » et qu'enfin il est lui-même pasteur dans son église, on y verra sans doute ce que nous y voyons nous-mêmes, la religion redevenant, d'une « affaire individuelle, » une « affaire sociale. » La croyance en Jésus-Christ « comme principe de rénovation politique *et sociale,* » voilà ce que nous offre un protestant d'Amérique. Il dit ailleurs, dans un discours sur l'*Approche de la crucifixion* : « L'idéal divin de société humaine que Jésus avait conçu était la croix sur laquelle il a été cloué, *car ses doctrines étaient moins théologiques que sociales.* » Il nous assure que ce qu'il pense et ce qu'il exprime ainsi, des foules, autour de lui, le pensent comme lui. On traduit ses *Discours* à Genève, et on le suit dans la voie qu'il indique. Mais, dans cette même voie, lui et ses adhérents, Auguste Comte les avait précédés. Avant eux, — et peut-être pour eux, — il avait montré qu'au fond de toute religion il y a une « sociologie. » Et, puisqu'il

Ferdinand Brunetière

l'avait montré surtout à l'encontre du protestantisme primitif, c'est une occasion qui s'offre à nous de passer de la preuve à la contre-épreuve, et de montrer ce que devient une religion quand elle cesse d'être une « sociologie. »

Section III

Quelle est, en effet, je ne dis pas la seule cause, mais l'une au moins des principales causes de ce phénomène de « déchristianisation » lente et continue, dont on pourrait dire qu'il résume, depuis trois ou quatre cents ans, l'histoire de la pensée religieuse ? Est-ce que par hasard, aux environs du XIVe siècle, des impossibilités ou des difficultés de croire auraient brusquement surgi, dont la raison de l'homme ne se serait pas avisée jusqu'alors ? On le dit ; mais on ne s'en douterait guère à lire Luther ou Calvin ! Les sciences naturelles, dont on verra sortir les plus troublantes et les plus redoutables de ces « difficultés, » ne se sont constituées qu'à la fin du XVIIIe siècle ou au commencement du XIXe ; on en peut dire, il en faut dire autant de l'exégèse ; et, en réalité, contre l'enseignement du catholicisme ou du protestantisme, qu'il confond indistinctement dans une haine commune, Voltaire n'a fait valoir aucun argument qui ne fût dans Celse ou dans Porphyre. Oserai-je ajouter qu'aussi bien, en 1903, sur la question de savoir « si la foi suffit à nous justifier, » ou si le sacrifice de la messe est une idolâtrie, nous n'avons ni plus ni moins de lumières, en dépit du progrès de la « science » que n'en pouvait avoir un chrétien du Ve siècle ?

On dit encore, — et j'inclinerais davantage à le croire, — que la sévérité de la morale chrétienne aurait découragé de la suivre une humanité « régénérée » dans le paganisme, et rendue par lui, dans l'Europe des Médicis et des Borgia, des Valois et des Tudors, à la brutalité de ses instincts ou à son avidité naturelle de jouissance. Ç'a été le grand argument de Bossuet, comme de Bourdaloue, contre les « libertins » de leur temps ; et on ne saurait nier qu'en leur temps, le libertinage des mœurs n'allât presque toujours de pair avec celui de la pensée. Les choses n'ont un peu changé qu'avec Bayle ; et combien peu, c'est ce que suffit à dire l'histoire des mœurs au temps de la Régence ou de Louis XV ! Joignons-y l'histoire de la littérature, et convenons que, si l'auteur du *Temple de Cnide*, si celui de *la Princesse de Babylone*, si celui des *Bijoux indiscrets* tiennent alors école, ce n'est pas tant de « philosophie » que de « morale facile. » Nous avons déjà relevé sur ce point le témoignage d'Helvétius. Les difficultés de croire choquaient bien moins la raison de la plupart des Encyclopédistes que la morale de l'Evangile, et même celle des casuistes, ne condamnait, ne jugeait, et par conséquent ne gênait la liberté de leurs mœurs.

Mais une autre cause a eu bien plus d'influence encore, et c'est celle qu'Auguste Comte caractérise admirablement, quand, après avoir défini la « grande maladie occidentale, » par la révolte qu'elle a été contre « l'ensemble des antécédents humains, il en trouve le principe dans le triomphe de la « raison individuelle » graduellement développée par le protestantisme, le déisme et le scepticisme. Ce sont ses termes mêmes que je reproduis ici. [*VIIIe Circulaire annuelle*, 1857, dans Robinet, *Notice sur l'œuvre et la vie d'Auguste Comte*, p. 529-531.] Et, en effet, qu'est-ce que l'histoire des variations des églises protestantes ; depuis Luther jusqu'à Socin, si ce n'est l'histoire des revendications de la « raison individuelle, » opposant son indépendance et son autonomie natives à tant de *Symboles* ou de *Confessions*, dont l'objet n'était inversement que de contenir, de limiter et, en quelque manière, de fixer sa liberté ? Le déisme, à son tour, n'est qu'une conséquence de ces variations, s'il n'est *historiquement* qu'une tentative désespérée pour essayer de rallier autour d'un minimum de croyances, considérées comme nécessaires à la vie sociale, une civilisation déjà trop divisée contre elle-même. Il nous laisse libres en tout le reste, si seulement nous lui accordons son « Dieu rémunérateur et vengeur, » afin, comme dit Voltaire, que nous ne soyons pas assassinés par nos domestiques, si toutefois nous en avons ; et ainsi sa religion, qui n'est pas une religion, mais une police ou une gendarmerie, n'est qu'une limitation provisoire des droits de la « raison individuelle. » Et le scepticisme, enfin, dans l'impuissance où il se sent d'assurer ce minimum de croyances, essaie de se faire illusion en émancipant cette même raison des derniers scrupules qui l'empêchaient encore de se croire uniquement souveraine. Tous et chacun, nous voilà désormais devenus « la mesure de toutes choses ; » nous faisons seuls toute la vérité de ce que nous croyons, comme la beauté

Ferdinand Brunetière

de ce que nous aimons ; personne de nous n'a le droit d'ériger sa vérité particulière en règle de la vérité non plus qu'en maxime générale de conduite. Le subjectivisme triomphe ; et la société tout entière se sent à ce coup menacée de la même dissolution que les doctrines communes qui lui servaient de fondement, d'armature ou de support. Le philosophe avait raison : « Graduellement développée par le protestantisme, le déisme et le scepticisme, la maladie occidentale consiste dans une révolte continue de la raison individuelle contre l'ensemble des antécédents humains. » Et c'est encore lui qui ajoute : « qu'elle est résultée de la décadence nécessaire des croyances propres au moyen âge. » Nous ne différons d'avis avec lui que sur la « nécessité » de cette décadence.

En tout cas, il n'est pas le seul ni le premier qui se soit aperçu que tout ce qu'on faisait contre la religion tendait nécessairement à l'affaiblissement du lien social, et, sous ce rapport, rien n'est plus instructif, ni plus démonstratif du caractère « sociologique » de toute religion, que les efforts qu'on a tentés pour empêcher cet affaiblissement d'aboutir à une rupture. « Il y a, dit Rousseau (*Contrat social*, Livre IV, ch. 8), une profession de foi purement civile dont il appartient au souverain de fixer les articles, non pas précisément comme dogmes de religion, mais comme *sentiments de sociabilité* sans lesquels il est impossible d'être bon citoyen ni sujet fidèle. Il peut bannir de l'État quiconque ne les croit point, non comme impie, *mais comme insociable.* » Et, comment donc ? voilà qui est bien différent, mais on n'en est pas moins toujours banni ! Avec son admirable inconscience, — que l'on nommerait encore mieux son impudence dans le sophisme, — Rousseau, qui ne croit qu'en lui-même, incorpore la religion au pouvoir politique, et il en met les vérités, — qui ne sont pas des vérités, mais des opinions, — sous la protection de la loi pénale de l'Etat. Nous avons le droit imprescriptible de penser autrement que l'Etat, mais, comme il faut une religion, l'État se réserve le droit de nous bannir, ou de nous supprimer, si nous pensons autrement que lui ! Et pourquoi faut-il une religion ? Parce que, sans religion, l'État n'est plus l'État, une société organisée, un corps dont ses citoyens ne sont que les membres, mais un agrégat d'éléments disparates, hétérogènes, hostiles, et en un mot le contraire de tout ce qu'implique la notion de l'État. L'État laïque ne peut demeurer l'État qu'à la condition de

se faire une religion de lui-même, et du système des moyens qu'il estime les plus propres à lui garantir sa propre durée.

Cette unité « sociale, » que les caprices de la « raison individuelle » menacent à chaque instant de briser, d'autres, plus libéraux que le citoyen de Genève, ont essayé de la refaire par le sentiment, et ce sont ceux qu'on pourrait appeler les théoriciens de la religiosité : Keble en Angleterre, Schleiermacher en Allemagne, Renan chez nous, en ont été les plus éminents. Rendons justice à leurs intentions ! Mais ils n'ont oublié qu'un point qui est que la « religiosité » n'étant rien de plus que le goût des choses religieuses, tout le monde ne l'a pas ; et, quand tout le monde l'aurait, nos goûts à chacun nous sont assurément plus « individuels » que notre raison même. L'union qu'on a rompue au nom de la « science positive, » on ne saurait donc la refaire dans « la catégorie de l'Idéal ; » et nos « raisons d'aimer » ne se fondent point sur notre impuissance à trouver des « raisons de croire. » Mais la tentative n'en demeure pas moins caractéristique, et on voit bien quelle en est la nature. Il s'agit d'obtenir de la sensibilité cette part de sacrifice qu'il est convenu que l'on ne saurait demander à la raison, et d'opposer « l'union des cœurs » au danger de dissolution que fait courir à la société la désunion des intelligences.

Et d'autres enfin, comme Vinet, ont essayé de résoudre la difficulté par une distinction subtile, plus imaginaire que réelle, entre l' « *Individualisme* et l'*Individualité.* » Il ne faut point confondre, a dit Alexandre Vinet, ces deux ennemis jurés, l'Individualisme et l'Individualité : *le premier, obstacle et négation de toute société, la seconde, à qui la société doit tout ce qu'elle a de saveur, de vie et de réalité.* » (*Études sur Blaise Pascal*, p. 101.) On ne voit pas très bien ce que cela veut dire. Si l'individualisme est de tout rapporter à soi, on ne voit pas très bien par quels caractères l'individualité s'en distingue, ni surtout s'y oppose. Mon opinion ne m'est « personnelle » que de la quantité dont elle diffère de l'opinion commune, et mon « individualité » ne s'affirme que dans ce contraste. Individualisme, individualité, s'il ne faut pas les confondre, Vinet aurait bien dû nous dire de quelle manière, ou par quel artifice, on réussira jamais à les distinguer. Mais qu'il reconnaisse dans l'Individualisme, « l'obstacle et la négation de toute société, » voilà, encore ici, ce qui est intéressant, et j'oserai

Ferdinand Brunetière

même dire capital. *Confitentem habemus reum.* Il n'y a pas moyen de laisser libre cours à l' « individualisme ; » l'autonomie du Moi est la « négation de la société ; » et ce n'est pas seulement l'unité religieuse, mais l'unité sociale qui est menacée par les divisions religieuses.

Ce que manifestent donc toutes ces tentatives, c'est qu'en quelque point de la chaîne du dogme que se soit opérée la rupture, et pour quelque motif que ce soit, les causes de la rupture pouvaient bien être « intellectuelles, » ou « métaphysiques, » ou « théologiques, » mais les conséquences en sont surtout « sociales. » Ce n'est pas seulement une communauté d'opinions qu'on a brisée, c'est une communauté d'intérêts et d'intérêts majeurs. On n'avait cru toucher, d'une main généreuse et hardie, qu'à des « superstitions, » ou à des « survivances » d'un passé condamné sans retour, et on s'aperçoit, avec un peu d'effroi, qu'on a, sans le vouloir, ébranlé jusqu'en ses fondements la structure même d'une société. Mais, comme on ne voudrait pourtant pas retourner en arrière, ou plutôt, comme on sent que l'on aurait beau le vouloir, on ne le pourrait pas, on essaie donc, par des moyens nouveaux, de refaire cette cohésion sans laquelle une société n'est pas une société, mais une poussière d'hommes ; et on n'y a pas jusqu'à présent réussi ; mais si l'on n'y a pas plus complètement échoué, ce n'est, et nous venons de le constater, qu'en « laïcisant » les principes d'une religion.

C'est ce que Stuart Mill, et depuis lui tous ceux qui persistent à ne voir dans la religion qu' « une affaire individuelle, » ont prétendu sans doute reprocher à Auguste Comte quand ils lui faisaient un grief « d'avoir tiré de la discipline catholique la plupart de ses idées de culture morale. » Et, de fait, nous en avons nous-mêmes fait plus d'une fois la remarque, le positivisme, à plus d'un égard, n'est qu'une « laïcisation » du catholicisme. Mais il ne l'est point consciemment, ou, comme on dit, de dessein principal et formé. Auguste Comte n'a point « tiré de la discipline catholique » ses idées de culture morale. Seulement, et du moment qu'il posait la « reconstitution sociale » comme objet capital et dernier de son positivisme, l'impossible était qu'il n'y eût point quelque part coïncidence ou rencontre de ses « idées de culture morale » avec « la discipline catholique. » Et je ne nie pas pour cela qu'il ait subi l'influence de la « discipline catholique ! » Si je le niais, j'oublierais ce qu'il a lui-même déclaré qu'il devait à Joseph de Maistre. J'oublierais qu'aucun philosophe ne s'est moins soucié d'être « original, » de penser comme personne avant lui, et, au contraire, on l'a vu, sa méthode est essentiellement de rattacher ses doctrines à « l'ensemble des antécédents humains. » Ses conclusions ne sont que des totalisations de son expérience. Mais ce qui ne se pouvait pas, c'est que ses « idées de culture morale, » étant sociales, ne se terminassent pas, en tant que sociales, à une religion. La religion, une religion quelconque était, non seulement le terme, mais la sanction de sa « sociologie. » Et, il s'est trouvé que, de toutes les disciplines religieuses que l'on connaisse, la chrétienne ou la catholique étant la plus sociale, il a donc dû, comme sociologue, incliner vers elle, et se l'approprier ou se l'assimiler, se la convertir en sang et en nourriture, avant de la combattre. Mais son pseudo-catholicisme, qui répugnait si fort à Stuart Mill, se tire du même fond que ce que l'on pourrait appeler son anticléricalisme ; les contradictoires « s'identifient » dans ses conclusions ; et finalement, tout aboutit à une démonstration, ne disons pas encore de la vérité, mais de la portée sociale du catholicisme, par l'excellence de sa sociologie, ou réciproquement, et puisque c'est ici la question qui nous occupe, à une confirmation presque expérimentale, de la nécessité d'une religion comme terme et comme couronnement de la sociologie.

Ainsi donc, non seulement dans l'histoire toutes les religions nous apparaissent comme étant des « sociologies, » — et pour en faire en passant la remarque, c'est ce que le catholicisme veut dire quand il dit que l' « Église est une société complète, » — mais encore on ne peut toucher à une religion, pour des motifs purement religieux, qu'il n'en résulte des conséquences sociales ; et toute hérésie contient le germe d'une révolution. Il nous reste maintenant à montrer que le cas d'Auguste Comte n'est pas unique, et, — dans l'histoire, — que l'on n'a guère vu de mouvement social qui, en durant ou en s'étendant, et, pour s'étendre ou pour durer, n'ait affecté tôt ou tard l'allure et le caractère d'un mouvement religieux.

Ferdinand Brunetière

Section IV

« *Comment la révolution française a été une révolution politique qui a procédé à la manière des révolutions religieuses, et pourquoi ?* » C'est la question que s'est proposée Tocqueville, tout au début (chapitre III) de son livre classique sur *l'Ancien Régime et la Révolution*. Et il y répond que « le caractère habituel des religions étant de considérer l'homme en lui-même, sans s'arrêter à ce que les lois, les coutumes et les traditions d'un pays ont pu joindre de particulier à ce fond commun, » la Révolution française, en tant qu'elle n'a pas recherché seulement « quel était le droit particulier du citoyen français, mais quels étaient les devoirs et les droits généraux des hommes en matière politique, » est donc marquée au même signe d'universalité. La réponse est juste, mais insuffisante, étant trop générale, et la question est assez mal posée.

La Révolution française a-t-elle été d'abord ou principalement une « révolution politique ? » Si l'on pouvait encore le croire au temps de Tocqueville, on ne le peut plus de nos jours, et certes, nous savons que, de 1789 à 4815 (pour nous contenir entre ces limites) il s'est agi de tout autre chose que de changer la forme ou le personnel du gouvernement. Lui aussi, comme l'Église, l'Ancien régime était « une société complète, » et de la révolution qui renversait cette société, Goethe a pu dire, avec raison, au soir de Valmy, qu'elle ouvrait une « ère nouvelle de l'histoire du monde. » D'un autre côté, cette révolution, quoi qu'on en puisse dire, et de quelque universalité de principes qu'elle ait fait montre, a été déterminée dans sa forme, — je dirais volontiers jusque dans ses excès, — par l'état antérieur de la France, comme le conséquent par son antécédent, ou l'effet par sa cause, et pour n'en citer qu'un unique exemple, la Constituante n'aurait pas dépecé le territoire français en départements, s'il ne s'était agi de détruire à fond ce que les anciennes provinces, malgré nos rois, et en dépit du progrès de la centralisation administrative, conservaient d'autonomie, d'indépendance, et d'unité géographique. Et quand enfin, comme Tocqueville, on définit les religions par leur tendance à l'universalité, on oublie que, s'il y a des religions « universelles, » il y en a aussi de « nationales, » qu'on pourrait nommer, et dont les confins, de nos jours mêmes, se hérissent, pour ainsi parler, d'autant de baïonnettes que les frontières de la race avec laquelle elles font corps. Mais ce qu'il faut dire, plus simplement, c'est que la Révolution française « a procédé à la manière des révolutions religieuses, » parce qu'elle-même en était une, et sous ce rapport, je ne vois même pas qu'elle diffère sensiblement de la Révolution d'Angleterre, — celle de 1648, — et encore bien moins du grand mouvement de la Réforme.

On peut essayer de dire en quoi consiste le caractère religieux de certaines révolutions, — j'entends celles qui sont l'œuvre d'une collectivité, — et à quels signes on les reconnaît donc. C'est que la grandeur des événements y déborde ou y dépasse, et en tout sens, la médiocrité de ceux qui s'en croient ou qu'on en croit les auteurs, mais qui n'en sont que les artisans. Tel est le spectacle que nous offre l'histoire de la Révolution française. La disproportion y est prodigieuse entre l'œuvre et les ouvriers, Les plus fameux d'entre eux, — un Mirabeau, un Danton, un Robespierre, Bonaparte lui-même, peut-être, — ne sont les maîtres du mouvement qu'autant et dans la mesure où ils s'y abandonnent. Ils sont « agis » plus souvent qu'ils n'agissent. Un courant plus fort qu'eux les entraîne, les emporte, les roule, les brise… et continue de couler. Et parce qu'ils s'en rendent compte confusément, parce qu'ils se sentent les instruments ou les jouets d'une force majeure, parce qu'ils ont éprouvé qu'ils ne sont rien sans elle, ou peu de chose, ils s'en font littéralement une idole ou un Dieu :

— *Est Deus in nobis, agitante calescimus illo* —

que, littéralement aussi, ils adorent, et dont ils deviennent, après en avoir été les prophètes, non seulement les apôtres, mais encore et au besoin les martyrs. C'est ainsi que les mouvements « collectifs » se transforment en mouvements « religieux. »

Nous étonnerons-nous, après cela, que le même Tocqueville, qui avait si bien discerné ce qu'il y a de « religieux » dans la Révolution française, ait écrit » qu'à mesure que son œuvre politique s'était consolidée, son œuvre irréligieuse, au contraire, s'était ruinée ? » C'est ce qu'il n'écrirait assurément plus de nos jours ! Ou du moins, il voudrait s'expliquer ; et, au lieu de dire que « l'objet fondamental et final de la Révolution n'a pas été de détruire le pouvoir religieux, » il dirait que l'intention dernière du mouvement a

Ferdinand Brunetière

été de substituer, à l'ancienne religion, la religion nouvelle qu'il était, avec ses dogmes, ses rites et ses prêtres. L'équivoque, — et c'est pour cela que je crois y devoir insister, — ne procède que de ce que, si Tocqueville, avec ses contemporains, ne voyait pas précisément dans la religion « une affaire individuelle, » il n'y voyait pas non plus une « affaire sociale. » La religion n'était à ses yeux qu'une métaphysique transcendantale, une règle de morale et un culte public. Elle était une « philosophie ; » elle n'était pas une « sociologie. » Il savait l'importance des idées religieuses ; il ne savait pas à quelle profondeur les sociétés humaines en sont comme imprégnées, et que ce sont ces idées dont on peut vraiment dire qu'on ne les détruit qu'en les remplaçant. Et, il a bien vu que la Révolution française était à sa manière une révolution religieuse, mais il ne s'est pas rendu compte qu'une révolution religieuse ne peut pas ne pas être une révolution sociale.

Je n'en donnerai que deux raisons, qui sont : la première, qu'on ne fait pas à l'hérésie sa part ; et la seconde, que, ce qui distingue les révolutions sociales ou religieuses des révolutions politiques, c'est qu'elles ne sauraient réussir sans la complicité des foules. On ne fait pas à l'hérésie sa part, en ce sens que, comme le prouve bien l'histoire de la réforme du XVIe siècle, par exemple, on n'attaque pas en un point l'édifice du dogme qu'il n'en soit ébranlé tout entier, et dès que l'hérétique n'est plus seul de son opinion, il faut, comme encore au XIVe siècle, ou comme autrefois, au temps de l'arianisme, que ce soit une moitié de la catholicité qui se détache de l'autre. Des phénomènes analogues se sont produits au sein de l'islamisme. Mais ce qui semble encore presque plus certain, c'est qu'ils ne sauraient se produire dans l'ombre, comme les révolutions politiques, dans le secret d'un sérail ou dans les couloirs d'un palais, et, si j'ose me servir de cette expression familière, il faut que la foule s'en mêle. Une révolution sociale ou religieuse n'est l'œuvre ni d'un homme, ni d'un parti, ni d'un jour.

C'est qu'il ne semble pas qu'elle puisse être, ou qu'elle ait jamais été dans l'histoire l'œuvre d'un profond calcul ou d'un dessein longuement prémédité. Les révolutions sociales ou religieuses ne savent même jamais exactement ce qu'elles veulent, et, comme les forces de la nature, elles agissent dans une entière inconscience de leurs propres résultats. Le principe de leur force est dans l'incertitude ou dans le vague de leurs intentions. Il y a toujours quelque chose de mystérieux dans leurs causes, et d'imprévu dans leurs effets. « Alexandre ne croyait pas travailler pour ses capitaines... Quand les Césars flattaient les soldats, ils n'avaient pas dessein de donner des maîtres à leurs successeurs et à l'Empire. » A plus forte raison les ouvriers de la Révolution ou de la Réforme n'ont-ils su ni pour qui ni dans quel dessein ils travaillaient. Mais ce qu'ils n'ont pas ignoré, c'est qu'à tout prix, et au hasard de ce qu'il en pourrait advenir, ils voulaient refaire la société dans laquelle ils vivaient, et ce que l'histoire nous enseigne, c'est qu'en pareille occurrence, l'ivresse de leur colère ou de leur enthousiasme a toujours porté avec elle quelque chose de religieux.

« Quelque chose de religieux ! » Si nous disons en effet qu'une révolution religieuse ne peut pas ne pas être sociale, nous ne disons pas qu'inversement une révolution sociale ne puisse pas ne pas être une révolution religieuse, mais seulement qu'elle affecte toujours un caractère plus ou moins religieux. Il y a une religion de la Révolution, mais nous ne voulons pas dire que la Révolution soit elle-même une religion. Nous disons qu'en un certain sens, — et nous croyons l'avoir montré, — toute religion est une « sociologie. » Nous ne disons pas que toute « sociologie » soit une religion. Et encore bien moins voulons-nous dire qu'au fond de toute religion il n'y ait rien d'autre ni de plus qu'une « sociologie. » Si nous le disions, ce ne serait plus « utiliser, » sauf à les « transformer » au besoin, les données ou les conclusions du positivisme, ce serait les accepter pleinement, nous y ranger sans plus, et nous-mêmes nous déclarer « Comtistes. » C'est ce que nous ne faisons pas, et je suis bien aise d'en avertir ceux qui veulent bien s'intéresser à cette série d'études. L'identification absolue de la religion et de la sociologie, l'équation parfaite qu'il établit entre ces deux termes est la chimère d'Auguste Comte. C'est ainsi que Lamennais, en son temps, a essayé, lui, d'identifier les deux termes de « christianisme » et de « démocratie. » Nous n'allons pas aussi loin que Lamennais et nous restons en deçà d'Auguste Comte. Mais, de l'enseignement de Lamennais nous avons retenu qu'à tout le moins n'y a-t-il aucune opposition de principes entre le christianisme et la démocratie ; et, pareillement, nous retenons de la philosophie d'Auguste Comte, qu'à la manière de ces valeurs qu'on appelle « fonctions » l'une de l'autre, la religion et la sociologie se tiennent et varient ensemble d'une manière constante. Il ne paraîtra donc pas surprenant que, toute religion étant une sociologie, on ne connaisse guère de mouvements sociaux qui n'aient affecté le caractère religieux ; — et c'est tout ce que nous avons voulu dire.

Quelques théoriciens feraient volontiers un pas de plus. « Quand la critique moderne parle de la Renaissance religieuse qui serait en train de s'accomplir de nos jours — écrivait, il y a quelques années, un jeune et ardent publiciste italien, M. Guillaume Ferrero, — on songe au Tolstoïsme, à l'armée du salut, à la foule des sectes néo-chrétiennes qui pullulent en Europe autant qu'en Amérique, et personne ne s'avise que la vraie forme, et la forme vraiment moderne de la religion, est le socialisme allemand. » [*L'Europa Giovane*, Milan, 1897, p. 90.] Pourquoi le « socialisme allemand ? » C'est le « socialisme » en général qu'il faut dire, — en France aussi bien qu'en Allemagne, en Italie comme en Angleterre, — le socialisme sans épithète, le socialisme des foules : je veux dire le socialisme considéré, non dans les programmes ou à travers l'éloquence des politiciens qui s'en font une carrière et une voie d'accès aux jouissances du pouvoir, mais dans les aspirations de ces masses populaires qu'agitent, que soulèvent, et qu'entraînent ses prédications. Moins Français, plus international et plus universel que notre révolution, ce que le socialisme aspire à réaliser, c'est proprement « le royaume des Cieux » sur la terre ; c'est le rêve de l'universelle fraternité dans l'universel amour. Assurément il ne faut pas confondre, comme l'a fait Renan, ou affecter de confondre, le socialisme avec le christianisme, et la prédication de saint Paul avec celle de Ferdinand Lassalle. Le badinage est d'un goût douteux, et nous mènerait un peu loin si nous commettions l'imprudence de le prendre au sérieux. Ce n'est point après la mort, ni dans une autre vie, dont celle-ci ne serait que la voie douloureuse, mais sur terre, et demain, que le socialisme promet à ses adeptes la réalisation du royaume des Cieux. Son idéal n'exige de ceux qui s'y convertiraient qu'un « minimum » d'abnégation ou de dévouement, et sa loi n'a rien de commun avec celle de la souffrance pieusement subie, acceptée ou aimée. Mais on ne se tromperait guère moins si l'on ne voyait d'autre part en lui que le déchaînement des appétits grossiers ou de l'avidité de jouir. Antithèse vivante, et ennemi né de l'individualisme, c'est par sa lutte contre lui qu'il faut nous représenter le socialisme. Et ce qu'il y a de certain, c'est que ses espérances n'étant pas conçues comme immédiatement réalisables, mais dans un avenir indéterminé, l'enthousiasme qu'elles inspirent à ceux qui les partagent est lui tout seul une manière de religion. C'est de cet enthousiasme que dérivent, — ainsi que d'une source très pure on voit sortir quelquefois sortir un torrent bourbeux, — ses colères mêlées de convoitise, de violence et de générosité ; ses haines auxquelles une certaine conception de la justice n'est pas tout à fait étrangère ; ses revendications, dont l'âpreté se tempère, s'adoucit, et s'achève parfois en rêveries presque idylliques ; son ardeur infatigable de propagande, de prosélytisme et de conversion.

Mais où la ressemblance apparaît plus frappante encore, c'est dans la mentalité qu'il suscite ou qu'il crée chez ses adeptes. « Dans le socialisme comme dans le christianisme, dit à ce propos M. G. Ferrero, le sentiment fondamental du disciple est la foi… Rien ne justifie le socialiste de manquer de foi, ni les considérations d'utilité pratique, ni même l'avantage de la propagande immédiate, ni la peur des persécutions. Si les mouvements religieux ne se distinguent en rien tant des autres mouvements sociaux qu'en ce qu'ils ne sont pas actionnés par l'impulsion des intérêts matériels, du moins immédiats et tangibles, et s'ils consistent essentiellement dans le culte passionné d'une idée, le plus manifeste des mouvements religieux du temps présent est celui de ce socialisme qui, dans l'attente de la rédemption finale, ne travaille uniquement qu'à la propagation de son principe… » [*L'Europa giovane*, p. 93, 94.] On ne saurait, à notre avis, mieux dire ; et tout ce que nous ajouterons à cette page du brillant publiciste italien, c'est encore une fois que, dans les limites qu'il indique lui-même, nous ne connaissons pas de « mouvements sociaux » qui n'affectent nécessairement, dès qu'ils durent et dès qu'ils s'étendent, quelques-uns des caractères qui sont ceux des « mouvements religieux. » Par tous les chemins, pour ainsi parler, et de quelque manière que nous posions la question, nous sommes donc ramenés à notre point de départ, et notre conclusion ne le confirme pas seulement, mais à vrai dire elle le rejoint. Toute religion est une « sociologie. » Une religion peut être autre chose, nous ne saurions trop le répéter. Une religion peut être une « physique » ou une « cosmologie, » une

Ferdinand Brunetière

interprétation de la nature, l'expression des rapports que l'homme soutient ou croit soutenir avec les puissances naturelles, amies ou ennemies, dont il est comme enveloppé ; et ce sont alors les religions helléniques. Une religion peut être, comme la religion des anciens Romains, une « discipline » ou une politique, je veux dire une sanction d'en haut, qui garantisse à ses participants la durée du contrat de puissance et de gloire qu'ils ont passé avec leurs dieux. Ou bien encore, et comme le bouddhisme, une religion peut être un moyen de salut, « la voie de l'affranchissement, » une manière de se libérer, en en détruisant le principe en soi, des maux donnés comme inséparables de l'humaine condition. Mais, explication du monde, discipline pratique, ou préparation au *Nirvana*, ce que toute religion est toujours, et ne peut pas ne pas être, c'est une sociologie. J'ai tâché de le montrer dans l'histoire. J'ai tâché de faire voir en second lieu que l'individualisme, « obstacle et négation de toute société » — ce sont les expressions du sage Vinet, — n'était qu'un autre nom de ce que les théologiens de toutes les religions ont appelé du nom d'hérésie, et qu'ainsi tout ce qu'il gagnait de terrain, c'était la religion, mais aussi la sociologie qui le perdait du même coup. Et j'ai tâché de montrer enfin que, tout mouvement social ayant quelques traits d'un mouvement religieux, c'était encore une preuve de la « nécessité » des liens qui joignent l'une à l'autre la religion et la sociologie. On en trouvera d'autres preuves, et admirablement développées, dans les premiers chapitres du livre de. M. Benjamin Kidd sur l'*Évolution sociale*. Mais elles ne rentraient pas dans le plan de mon sujet ni du sujet plus général dont cette étude n'est qu'un fragment, et, à la vérité, je n'ai pas cru devoir m'astreindre à ne rien dire que n'eût dit avant moi, ou indiqué, Auguste Comte, mais je ne me suis proposé cependant que d'utiliser les données du positivisme, et, en les prolongeant dans leur propre direction, je n'ai voulu qu'établir la solidité du principe par la vérité de ses conséquences.

Section V

Faut-il maintenant essayer de dire l'insuffisance du principe ? On le pourrait, si l'on le voulait, et il suffirait pour cela de développer le contenu d'une simple observation. Il ne résulte pas en effet, de ce que toutes les religions sont des sociologies, que la valeur propre ou intrinsèque s'en mesure à l'efficacité de leur action sociale, et on ne doit pas admettre aisément que l'efficacité de cette action sociale puisse être le juge naturel et souverain de leur vérité. Elle ne le serait que s'il était préalablement démontré que les religions sont d'institution purement humaine, et c'est une question que nous n'avons pas seulement abordée. Mais plutôt que de la discuter, ce qui ne servirait guère aujourd'hui qu'à brouiller les idées, nous aimons mieux nous en tenir à ce qui nous paraît acquis, et, en terminant, c'est ce que nous voudrions préciser.

Quand donc les religions ne seraient rien de plus, elles seraient encore les meilleures des « sociologies, » voilà ce qu'Auguste Comte a solidement établi, par son enseignement comme par son exemple, et voilà d'abord qui est capital. Que cherche-t-on de tous côtés ? et quand ils sont sincères, quelle est aujourd'hui l'ambition de ceux qui se posent en adversaires de toute religion ? C'est de trouver en dehors, — je ne dis pas de toute « révélation, » mais de toute idée religieuse, — un principe de conduite qui puisse être proposé comme obligatoire. Auguste Comte a montré qu'ils ne le trouveraient pas. Ils ne le trouveront ni dans les conséquences naturelles des actes humains ; ni dans ce respect de soi-même qui n'est de son vrai nom que l'idolâtrie superstitieuse du Moi, la philosophie de Marc-Aurèle ou la déclaration des droits du « Surhomme ; » ni dans cette solidarité, qui n'est que l'expression de la pure nécessité, quand elle n'est pas consentie, et qu'on ne peut consentir qu'au nom d'un principe qui lui soit supérieur. « Est-ce que l'un de nous, a-t-on dit justement, se priverait d'un seul seau de charbon pour que nos bassins houillers durent une génération de plus ? » Et l'argument, ai-je besoin de le faire observer, suffit en même temps à ruiner dans son principe la « religion de l'humanité. » Mais, encore une fois, je ne discute pas aujourd'hui la religion de l'humanité, ni généralement les principes d'Auguste Comte, et je n'en retiens que la conclusion. Point de sociologie sans une religion qui la fonde en nature, qui la sanctionne en fait, et qui la couronne en raison.

Il ne m'est pas non plus indifférent, et il ne saurait l'être à personne, que cette conclusion soit d'Auguste Comte. « Je puis maintenant espérer, écrivait-il en 1855, que les âmes vraiment

religieuses, disposées à la synthèse par la sympathie, sauront
bientôt surmonter les discordances dogmatiques pour encourager
le seul effort de notre siècle envers la religion universelle. Dès mon
début, le célèbre écrivain qui défendait alors le catholicisme, —
c'est Lamennais, je pense, — témoigna dignement cette affinité, qui
ne cessa que lorsqu'il devint un déplorable auxiliaire des doctrines
anarchistes. Le développement de ma carrière a fait spontanément
surgir, au sein du protestantisme, d'équivalentes manifestations...
En même temps, j'ai directement constaté mon active sympathie
envers les cultes utiles et sincères, d'après un engagement solennel
d'alimenter le budget catholique, quand il sera seulement fondé sur
de libres souscriptions. Ainsi, de tous côtés, ont déjà surgi les germes
essentiels de la grande alliance que les principaux besoins du XIXe
siècle doivent bientôt développer entre les âmes religieuses contre
les instincts irréligieux. » (*VIe Circulaire*, dans Robinet, *L'Œuvre et
la Vie d'Auguste Comte*, p. 515.) Non, il ne saurait être indifférent
à personne que ces lignes soient du fondateur du Positivisme ;
qu'elles forment à ses propres yeux la conclusion d'une philosophie
essentiellement « scientifique ; » et que, de son aveu même, cette
philosophie soit inséparable de cette conclusion. Le lien qui unit
la religion à la sociologie ne nous était donné tout à l'heure que
comme logique, et l'idée que nous nous en formions était encore
toute « subjective : » la voici qui « s'objective » maintenant, et le lien
n'est pas seulement logique, mais réel, — et je serais tenté de dire
« expérimental, » puisqu'il est historique.

Et quelle est enfin la nature de ce lien ? Il est « moral » autant que
« social, » ou, pour mieux dire encore, il n'est « social » qu'autant
qu'il est « moral. » « La plupart des positivistes qui se qualifient
d'*Intellectuels*, écrivait Auguste Comte en 1855, n'aspirent qu'à
perpétuer la situation révolutionnaire ; » et, pour ne rien dire de cette
expression d'*Intellectuels* qu'il est curieux de trouver sous sa plume,
il indique là, très nettement, avec la vraie cause de la défection des
Littré et des Robin, le point essentiel qu'il n'a, pour sa part, jamais
abandonné. Ce sont en tout les exigences morales qui doivent passer
les premières, parce qu'elles sont en effet les premières qui puissent
assurer la durée de l'organisation sociale. « Le perfectionnement ne
saurait consister uniquement à dissoudre l'ancienne discipline, »
a-t-il encore dit avec une force et une concision qui ne lui sont

pas habituelles ; et ailleurs : « Pendant les cinq siècles de l'anarchie occidentale, le désordre de l'esprit a de plus en plus affecté le cœur. C'est d'après celui-ci qu'il faut définir la maladie révolutionnaire, consistant en une surexcitation continue de l'orgueil et de la vanité, par suite d'une tendance, éminemment contagieuse, vers l'infaillibilité personnelle. Ainsi se trouve compromis le principal résultat de l'ensemble du régime théologique : le développement de la vénération, seule base de la discipline et garantie nécessaire des autres instincts sympathiques. » [*VIe Circulaire*, Robinet, p. 513.] C'est encore une déclaration dont on ne méconnaîtra pas l'intérêt ; — et sur laquelle je n'insisterai pas aujourd'hui, sauf à la développer dans une dernière étude. Si toutes les « religions » sont des « sociologies, » et si les « sociologies » conditionnent toutes une « morale » et sont à leur tour conditionnées par elle, c'est ce qu'il me reste à examiner. Je le ferai prochainement, en essayant d'expliquer, pour cela, ce que l'on veut dire quand on dit que « les questions sociales sont des questions morales, » et « les questions morales des questions religieuses. »

ISBN : 978-1539974109

Ferdinand Brunetière